JN439731

인생은 여행

한국작가 작품선·156

인생은 여행

강명옥 제3시집

초판 1쇄 인쇄 · 2024년 5월 05일
초판 1쇄 발행 · 2024년 5월 10일

지은이 · 강 명 옥
펴낸이 · 윤 영 희

발행처 | 도서출판 동행
출판등록 | 2011. 6. 8. 제301-2011-098호
주 소 | 서울시 을지로14길 16-11
전 화 | 02-2285-2734, 2285-0711
팩 스 | 02-338-2722

값 12,000원
ISBN 979-11-5988-039-1

한국작가 작품선·156

인생은 여행

강명옥 제3시집

동행

초아

언제나
이정표가 되어주고
사랑 노래 들려주는
무릉도원 우리 집 풍경
아름다운 여정을 꿈꾸며
글쓰기에 전념하니
초아*(草芽)의 뜨락으로
찾아오는 손님
참새 비둘기 나비

* 초아 : 풀의 새싹이란 의미. 강명옥 필명

■ 시인의 말 ■

공백의 여백을 완연하게 익히고 채우고 싶어 상상의 꿈과 유추(類推)로 내 안을 거울을 보듯 돌아본다. 쉬지 않고 달려왔던 나의 걸음걸이의 흔적들을 시로 추억하며 기록하여 남기는 것은 나의 보물이라 생각한다.

3집을 상재(上梓)하며 삼백 편이 넘는 시는 나에게 주는 선물에 가슴 설렌다. 부족함도 느끼지만 뿌듯하다. 나의 시란 내가 말하고 싶은 가슴속 언어를 시라는 허울을 빌려 쏟아낸 나의 모두를 남을 수 있게 책으로 발간(發刊)한다면 확실한 인생 추억의 앨범이 될 것으로 생각한다. 감사하고 싶은 마음 나의 인생 꽃길에 가슴 출렁인다.

언제나 편안함과 희망을 주는 달처럼 나의 시를 만나는 인연 모두가 사랑 빛 품은 환한 달님처럼 바라볼 수 있기를 소망하면서 발간하게 됨을 감사하게 생각한다.

여기까지 올 수 있음은 남편의 크나큰 배려와 도움, 힘들 때마다 따끈한 커피 향에 마음을 기댈 수 있게 해주고 글발을 가꾸며 창작활동을 할 수 있게 도움을 준 남편과 두 아들의 소리 없는 응원이 함께 했기 때문이다.

자연을 닮고 싶은 사람으로 거듭나는 삶 인일기백의 정신으로 노력하는 작가로 좋은 작품을 향하여 최선을 다하는 것으로 보답하려 한다.

모든 인연에 감사할 수 있어서 행복하다.

2024년 4월에 산호수 강 명 옥

■시집 발간에 부쳐■

긍정적인 고운 심성

김 건 중
(소설가 · 한국작가협회 회장)

시는 어떤 상황에 대한 인식을 시인의 감성으로 풀어낸 산물이라고 생각한다. 그러므로 시인의 감성에 따라 지극히 주관적이면서도 상징성과 보편성을 지니는 점이 시의 매력이라고 할 수 있다.

세 번째로 시집을 상재하는 강명옥 시인의 「인생은 여행」은 앞서말한 주관적이면서도 상징성과 보편성을 지니고 있는 시의 매력을 느낄 수가 있다.

누구나 사람은 세월 따라 인생을 살아갈 수밖에 없다. 그 세월 속에는 삶의 희로애락이 담겨있기 마련이다. 다만 어떤 삶이었느냐에 따라 희로애락의 차이가 있을 뿐이다.

이런 전제하에서 강명옥 시인의 시를 보면 확연히 드러나는 것이 있다. 우선 여러 가지 꽃에 대한 시를 통해 삶을 아름답게 살아가려는 긍정적 인생관을 엿볼 수 있다. 목련꽃, 민들레, 메밀꽃 등 우리 주변에 흔히 있는 꽃들인데 그 속에서 의미를 창출하고 있는 것은 예사롭지 않은 시인의 풍부한 감성에서 비롯된 것이라 믿어진다.

뿐만 아니라 지난 세월 속에 깊이 묻혀있는 인연의 조각들을 그리움으로 승화시켜 아름다운 삶속에 녹여 넣고 있음은 강명옥 시인 특유의 시적 아름다움이 아닐 수 없다. 하여 살아온 인생을 회고하며 그것이 곧 인생은 여행이라는 정관적 상상의 시를 창출한 것이라 짐작된다.

우리 인간의 삶이 어찌보면 여행처럼 항상 새로운 길의 도전에 직면하고 늘 그것을 받아들이며 살아온 것 같다.

강명옥 시인의 〈인생은 소풍〉에서 '무궁무진한 세월에 휘감긴 열정'이나 '멀어져간 세월의 흔적' 등은 지난 삶에 대한 그리움이 처연하게 드러나 있다. 그리고 〈아련한 인연〉에서는 '젊은 시절 스친 인연'으로, 〈만추의 여정〉에서는 '청춘에 만난 그 사람/ 무심으로 지는 꽃잎처럼'으로 지난 세월 인연에 대한 사무치는 그리움을 깊은 감성으로 가슴 뭉클한 울림을 주고 있다. 〈나목〉 또한 '마른가슴 적시는 젖은 그림자'로 한층 여성 특유의 섬세한 감성이 고스란히 드러나고 있다. 이런 섬세함은 〈라일락〉에서도 '황홀한 숨결을 읽으며'로 연상적 상상을 통해 시의 완성도를 높이고 있다.

노년의 감성임에도 소녀와 같은 맑고 순수함이 드러나는 강명옥 시인의 시는 살아온 인생이나 살아갈 인생에 대한 긍정적인 고운 심성에서 비롯된 것 같다. 이는 우리들 삶 속에서 가장 바람직하고 아름다운 점이라 갈채를 보내고 싶다.

인생을 시와 함께 시를 통해 끊임없는 감성이 흐르는 강명옥 시인은 분명 보람있는 인생을 살아가고 있음에 행복한 시인으로 사료된다. 어쩌면 시를 쓰는 행복이 강명옥 시인에게는 인생을 완성시키는 것으로 귀결되길 기원하고 싶다.

끝으로 제3시집 「인생은 여행」처럼 앞으로 인생의 여행을 즐기며 큰 시나무가 되길 바라는 마음으로 시집 출간을 진심으로 축하드린다.

Contents

Contents

Contents

강·명·옥·제·3·시·집 = 인·생·은·여·행

고래남획

고래의 남획은 어획 강도나 다름없다
번식량보다 더 많은 양을 잡는 무절제
필요 이상의 남획을 하는 무법천지는
돈벌이에 어획 악마로 변한다
고래기름을 배제하고
식물성 기름으로 전환해야 한다
사람과 돌고래는 기묘한 관계
무분별한 고래남획을 막는
국제적 지침의 의무를 지켜야 한다
플라스틱 비닐 그물망 등을
바다에 버리는 무책임한 행동
경각심 없는 양심은 오염으로 물든다
위기가 닥치면 새끼를
필사적으로 유도하는 광경을 보며
심해 어류의 모성 본능에 감동과 영감을 얻는다
마구잡이 혼획에 바다의 로또를 꿈꾸지 말자
한반도 바다에서 40년 동안 전멸시킨 일제
흑산도 근해의 고래잡이 근거지는
포경이 금지될 때까지였다
이젠 우리의 할 일은

고래를 죽이는 바다가 아니라
고래를 살리는 바다로 만들자
한반도의 바다에 너울 파도 일면
고래 춤사위 출렁이는 천국은 아니어도
멸종을 부르는 남획은 막아야 한다

가을 연가

세월 따라간 아련한 추억
깊은 심연 알아차리지 못했던
아득히 먼 지난날의 환영
옛 그림자를 소환한다
차가운 말 한마디에
산마루 석양 넘어가듯
쓸쓸한 뒷모습 남기며 떠나간 사람
빗장을 지른 채
야멸차게 내뱉은 말들이
맥없이 떨어지는 낙엽을 보며
몰려오는 옛이야기 흑백 사진 같은
바람처럼 지나간 짝사랑으로 끝난
그 사람의 시간이 여울진다

텅 빈 가슴의 여백 무엇으로 채웠을까?
지금은 어느 곳에서
어떤 모습으로 익어갈까?
사위지 않은 사연 시로 읊조리며
새로운 시간에
빛바랜 시간을 나누고 있을까?

고마리꽃

돌개울 산책로에서 만난
꽃잎 사운 대는 꽃에 반해
가던 길 멈추고 분양받아온다
메밀꽃인가 하면 안개꽃인 듯
연홍색 띠를 두른 하얀색 고마리꽃
찻잔에 앉은 앙증맞은 꽃
은은한 갈색 차 모람모람 추억 부른다
시력 증강에 좋은 차 한 잔
심연에 박힌 옹이도 달래준다

폐수 흘러가는 개골창
주변에서도 자생하는 고마리
오염수를 정화시키는 들꽃
조그만 꽃봉오리가 올망졸망 모여 피는
단맛 나는 꽃잎 신선한 향그로움
군락을 이루어 피어야 눈에 들어오는
가만가만 볼수록 예쁜 꽃

고향 가는 고샅길

달빛 따라 강변 둑길 걷던
꿈처럼 아련한 회상
사위어진 옛날이 되어
바랜 빛으로 어룽진다
고향 가던 고샅길로
마중 나오던 그때 그날
소꿉놀이하던 친구들
동네 한 바퀴 돌고 돌아서
초옥 문간방이 우리의 낙원

추억 남은 웃음 모이던 곳
가슴을 떠나지 않는
시려오는 가슴 적시는 시절
찔레꽃 향기 아득한 언덕에서
타오르는 그리움 시로 엮어
바람도 쉬어가게 읊어 본다
받을 사람 없는 고향으로
꽃편지 보내고 싶은 날

공(空)

누구에게나 공평한 세월
지나 보면 알게 되는 삶
내일도 모르는 인생 여정
부질없는 것에 아파하면
지난 후회는 가슴에 멍들 뿐이다
마음을 태웠던 분노도 욕심도
달려왔던 모두가 허망으로 얼룩진다

세상살이 무겁게 살지 말자
모두가 왔다 가는 인생
허상만 남는 부질없는 욕심
헛된 욕망의 잔재 허무만 남는다
끝이 없는 세월 인생은 공(空)
노을 길에 들어야 알아차리는 법
지난 노정(路程) 모두가 그리움의 옹이
내가 남긴 발자국의 그림자
모든 것 떠난 뒤에야 아는
내가 가진 것들은 가랑잎
어차피 빚지고 가는 인생

구름

청옥 빛 하늘에
구름 사이로 노숙하는 낮달
꽃구름 한가로이 노닐고
무지개는 일곱 빛깔을 쏘아 내며
단청으로 흐른다

이정표 없는 망망한 하늘
쉬어가는 그림들
층층 구름엔
어떤 사연들이 쌓여있기에
연지 볼로 웃는 철쭉꽃처럼
흰 구름 따라 떠나가는가?

인생 나들목에서
멀어져가는 인연들
한 폭 그림 나목처럼 서 있는
옛 시간 속으로 젖는 사연
마음속 꽃등 켜고
비단 펼쳐 놓은 하늘길에
추억 하나 새겨 놓는다

그리운 그곳

소꿉놀이 정답던 고향
사랑처럼 남은 추억
옛이야기 풀어 놓을
무언의 언어가 기다리는
너른 들판이 있는 그곳
옛 친구들의 흔적이 남은
나를 기다릴 것 같은 고향
장천(長天)의 미소에 낮달이 웃는 날
예쁜 옷 차려입고 가고 싶다

소슬바람 소리 들으며
그곳에서
염원의 문장을 시로 읊조리며
서걱이는 목마름
모두 풀어놓고 싶다
마침표가 없는 그리움의 잔영
창천(蒼川) 흐르는 그곳으로 간다

꽃길에서

내변산 초입 야생화 향유
고아한 들꽃 앞에 서면
꽃으로 피어나는 마음
하늘거리는 꽃들의 미소
설레는 행복이 출렁인다
대단한 꽃이 아니어도
이름을 알고 싶게 하는 꽃
다가서고 싶고 만지고 싶은
꽃바람이 실어 오는 화향백리
인향만리의 향기 품은 바람
너른 청천(靑天)으로 비상한다

나목

그리움이 짙게 깔리는 뜰
아지랑이 회상들이 잦아들고
흘러가는 세월 속에
청춘은 백발로 황혼빛 물든다
암석에 새겨진 먼 미래처럼
어디쯤인지 이정표 없는 인생길
지나온 길목마다
마른 가슴 적시는 젖은 그림자
빛바랜 미련 유수 세월 흐른다

잊히지 않는 추억의 곳간
전설의 이야기 쌓는 인생 역로
연륜 속에 녹아드는 사연
해무에 하얀 소식이 묻어오듯
검은 머리 바람에 나부끼면
흰 머리카락 나풀거리는 나목
초연히 그림자를 밟고 있다
무념의 채색 물든 마음의 숲길
먼 산 능선을 꽃물 들인다

나이아가라 폭포

캐나다와 미국 국경 사이의 염소섬
하늘과 맞닿은 언덕 정상에서
천년의 전설을 토해낸다
물안개 휘몰아 오르는 장엄한 음률
하얀 구름 부서지는 광활한 폭포수
태양 빛을 품은 은빛 구름 떼가
장막의 휘장 속으로 모여
투명한 빗살무늬로 쏟아져 내린다

숙녀호 선상에 선녀처럼 앉아
옥빛 구름 쏟아지는
천혜 자연의 풍광에 취한 감탄사
물안개 타고 천상으로 오른다
흘려보냈던 세월의 그림자
웅장한 폭포수 메아리로 안겨들고
수백 갈래로 쏟아지는 물기둥 사이로
묵었든 체증도 뛰어내린다
물안개에 실린 인디언들의 옛이야기
씁쓸한 마음 안개비에 젖는다
물보라 일렁이는 비취색 호수
설레는 그림자 가슴을 떠나지 않는다

내소산 산행

내소산 문을 열면
야무진 몸매 나지막한 돌단풍
잘 왔다고 수인사를 건넨다
소문 듣고 왔다고
맑은 미소로 답한다
한 포기 탐하고 싶었지만
가던 길 재촉하며 마음 비운다
솔바람 소리 가슴을 시원하게 하고
유천의 맑은 물소리는
초연하게 읽히는 가야금 소리
인생의 향을 가슴에 품고
흰 구름 노니는 산 능선 능선으로
기러기처럼 훨훨 날고 싶다
절벽과 계곡 반겨주는 야생화
지나가는 바람도 쉬어 간다
내소사 연못 연꽃 향기는
마음을 달뜨게 하는 금상첨화

* 1994년 남편과 함께 산행

너도바람꽃

잔설 속 겨울 앓이 꽃
여인의 마음을 소곤소곤 흔든다
이루지 못한 사랑 같이
밤마다 별들을 불러내는
겨울의 화신 너도바람꽃
아지랑이 춤사위로 춤추는 꽃
얕게 얕게 낮은 자세로
싱그러운 향기 품은 꽃을 보면
인생의 참맛과 향을 읽게 하는 꽃
지평선의 그리움 같은
하늘에서 내려온 별들의 꽃

노란 마타리 꽃길

적극적인 자태 요염한 색광(色光)
마타리꽃 노란 꽃대 무리 지어
미풍에 그네를 타며
마중하는 들길을 걸으면
볼 붉은 가슴이 된다
내 사랑 영글게 해주는
그대와 걷고 싶은 길
그리움이 달려오는 여름 앓이 꽃
보고있어도 보고 싶은
내 안의 사랑 화신처럼 피어나는
뜨거움이 타오르는 꽃길

눈 내리는 밤

별빛도 잠든 밤
보고픈 마음 둘 데 없어 뜰에 나선다
소슬바람 타고 솔솔 내리는 눈(雪)
군인 간 큰아들 소식이
송이송이 내려앉는 듯
애젓한 그리움 눈꽃 속에 스며들고
추억의 조각들이 아련한 허공
연분홍 안개 베일 속에 서성인다

이 한밤 소리 없이 내리는 눈
그리운 옛 자취인 양
가슴으로 안겨든다
꿈의 이슬이 적셔진 나래는
밤의 어두움을 헤쳐 가는
사랑의 돛단배가 되어
강원도 인재로
아들을 만나러 간다
영원히 꺼지지 않을 불씨
가슴에 달이 뜨는 밤

하얀 눈 위에 그려보는 얼굴
천 리를 가는 사랑 하늘 바람 탄다

* 1990년 1월

늦가을

붉은 가을이 오면
박꽃 같은 말간 얼굴로
어자국 허공을 장악하고
태양을 품은 생글거리는 향기로
침묵의 언어를 풀어 놓는다
노란 꽃잎에 흔들리는 그리움

삐삐풀 무리진 들녘에서
통통하게 살찐 삐삐 쏙쏙 뽑아
야들야들한 맛을 즐기던 시절도
세월 따라 가버리고
옛이야기 잊은 떠밀리는 낙화
흩날리는 석별 애상에 젖는다

이별을 서러워하는 꽃잎 따서
서늘한 그늘에서 말린 노란 어자국
따끈따끈한 차 한 잔에
가을의 서막이 가슴으로 스며들고
꽃잎에 떠오르는 사연 빗질한다
햇살을 재촉하는

찬바람이 흔들고 지나가니
시든 꽃잎 낙엽 되어 뒹굴고
남은 꽃대 텅 빈 바람 소리 듣는다

단임 분교*

오십 년 만에 찾은 모교
낙엽처럼 퇴색된 물빛 그림자
떠나지 않은 사연들이 유물처럼 앉아있다
폐허가 된 단임 분교 앞으로
담담히 흐르는 개천
줄넘기와 공기놀이하던 운동장
옛 친구들의 회억들이 바람을 탄다
폐교된 모교는 말이 없고
빈 교실을 지키는 녹슨 자물쇠
역사 속으로 묻혀가는 끝자락을 본다

연년이 꽃 피우던 옥토
해묵은 잡풀들이 무성한 묵정밭
세월의 페이지마다 눈시울 젖는 향수
숙암계곡 옛길 해묵은 풀숲이
옷깃을 붙잡아 발걸음 멈추게 한다
물안개 바람 타는 꽃지는 저물녘
옥수수밭 산자락에 주막의 하룻밤
둥근달 속에 담긴 야생화 같은 옛 얘기
검은 구름 덮은 깜깜한 밤하늘에

총총한 별빛처럼 빛나는 추억

* 단임 분교 : 강원도 정선 북평면 오대천 하류 숙암계곡 언저리에 있는 숙암초등학교의 분교
어머니와 백정태 강명옥 강연옥 백지훈 큰손자와 함께
**날짜 : 2007년 8월 11일~12일

대덕산 검룡소

날마다 꽃들의 잔치가 열리는
대덕산 두문동재 천상의 화원
분주령 숲길 지나 대덕산 검룡소까지
서늘한 바람과 함께 걷는 야생화 꽃길
환경부에서 생태 보전 지역으로 지정한
귀한 존재로 대접받는 금대봉 자락
동자꽃, 둥근이질풀, 군락을 이루고
어수리 마타리 노란 물봉선이 반기며
주변을 압도하여 발길 붙잡는다
봄부터 가을까지 계절별 야생화 천국
대덕산의 귀하신 몸 검룡소
떨어진 낙엽 흘러간 세월 일엽관음*
태고의 자태 한강의 발원지 검룡소
보잘것없어 보이는 산자락 돌계곡
순명으로 삼키며 도도히 흐르는 물
흐른 세월 셈할 수 없는
맑은 향그러운 바람 머문 가슴
암반 위에 앉아 지평선 멀리
역사의 지문을 남긴다

* 일엽관음 : 한 잎의 연꽃을 타고 물 위에 떠 있는 모습

더덕꽃

달빛 품은 등롱을 닮은 꽃
붉은 가슴으로 안긴다
밀어를 속삭이는 시나브로
달과 해후할 그 날을 그리는
보랏빛 연연한 더덕꽃

새움, 올라오기 전 캔 더덕은
맛도 만점 영양도 만점
쌉싸름한 향기 바람을 탄다
기세등등하게 지주를 감아 오르는
연보라색의 등롱 꽃은
바람이 조금만 건드려도
향기로 화답한다

어젯밤
달님과 사랑을 하였는지
살며시 고개 숙인 초연한 얼굴
꽃의 생존 전략을 보며
회상이 고요한 고향 집으로
그리움이 번진다

동백꽃

떠나지 않은 잔설 품고
가지마다 뜨거운 정열로
붉은 꽃등 걸면
하늘빛 내려와 노닌다
그리움 가득한 홍안
임을 만나는 마음같이
동백 꽃길 걸으면 아스라이
고향 뒷동산이 어룽진다
계절에 밀려 모가지째 낙화한
떨어진 꽃도 미쁨으로 헤살헤살
꽃길 밟고 지나기 안쓰러워
구름 두둥실 하늘빛 시린 가슴
소곤이는 그리움 남은 동백꽃

들국화 감국

햇볕 방실대는 산야 양지 녘
노란 웃음 산들거리는 감국
바람이 쓰담쓰담 향그러운 향유
향기 타고 찾아온 꿀벌을 보면
사람이 먹을 수 있다고
읽히게 해준다
꽃잎을 맛보면 단맛 나는 감국
두통이나 눈이 침침할 때
한 잔의 차는
마음과 위장을 편하게 해준다
감성에 젖는 날은
바람결 헤적이는
강둑에 홀로 앉아
감미롭게 다가오는 감국 향기에
불꽃처럼 떠오르는 그리운 옛날
바람 같은 인생 여정

들풀의 황혼

궁벽진 곳이나 묵정밭에서도
뿌리를 내리는 들풀처럼
고단한 삶에 지쳐 쓰러져도
오뚝이처럼 일어선다
무명의 꽃을 피워내는 인생
풍진 세상 탓하지 않는
모노드라마 같은 삶

주름진 마음 부끄러워
순백으로 피어나는 일편단심
아름아름 불타는 서녘 노을에
새로운 세상의 쉼표가 보인다
화석처럼 새겨진 비망록은
인연의 빚들이 쌓여있으나
별을 품고 흐르는 물처럼
번잡 속에 초연한 듯 고요 심는다

라일락

4월의 라일락
보랏빛 향기로운 꽃
오롱조롱 다발로 달려
배시시 알은체한다
담장을 넘어오는
보랏빛에 홀려
발걸음 뒤척이게 한다
햇볕 따스한 날
꽃 주머니 터트린
봄을 가득 채우는 향
황홀한 숨결을 읽으며
꽃나무 아래 떨어진 꽃잎도
봄 향기 속에 산다
초록 잎사귀 푸른 물결
사운대는 골목길
심연에 남은 향기
가슴을 떠나지 않는다

마스크

입을 가리지 않고는 나갈 수 없는 세상
자식을 만날 때도 친구를 만날 때도
마스크로 얼굴을 가려야 하는 현실은
식당에 가고 길을 걸을 때도
자유를 저당 잡혀야 한다
표정 못 보는 얼굴 눈만 보고
마음을 읽으며 알아차려야 한다
만나면 반가워도 주먹 인사로 하고
소소한 소확행도 누릴 수 없는 세상
나누던 정 빗장을 걸어야 하는
규제 속 숨 막히는 닫힌 창
만나야 할 사람 못 만나는
오리무중 평행선을 만들어
절망을 낳기도 한다
푸른 장천을 나는 불사조처럼
대문 활짝 열어젖혀질 날
그날이 언제이려나
봄 뜨락에 노니는 햇볕처럼
자유로운 그날 언제이려나

* 2020년 5월 12일

마음속 옹이

누르지 못한 분노 토해버린 삭정이
내 안 옹이로 박혀 든다
대못은 심장의 통증으로 앓고
토출되지 못한 찌꺼기로
뼈를 깎는 아픔은
가슴 다독이지 못해
울컥거리는 목울대를 토닥인다
바람이 잠시 휴식을 취하듯
느껴오는 여백의 이랑으로
잃어버린 것과
늦어버린 것들이 아려온다
고즈넉한 풍경의 고요가 눈길을 끌고
대책 없는 후회는 마음만 고적하다
적조해지는 향수
마리골드 차향에 맡기고
천천히 여유롭게 한 모금씩 마시며
마음속 잔상까지 여백으로 푼다

마음의 텃밭

대나무가 속을 비웠기 때문에
강풍 태풍 비바람에
쓰러져도 부러지지 않듯
내 마음 비우면
슬퍼하거나 노여워하지 않을 터
세상만사 시끄러워도
흔들리지 않을 깊은 심연
내 마음 내가 돌보지 않으면
그 마음 어디로 갈까?

듯 없는 세월이라 탓하지 말고
마음 텃밭에 꽃씨 뿌려
수줍은 고아한 미소로
피어나게 하고 싶다
낭랑한 꽃물결 출렁이는
꽃빛 이야기 나누고 싶다

만추의 여정

정지된 듯한 세월은
그날이 그날인 듯하지만
청춘을 데려가고
빛깔 고운 바람의 소리는
추억의 공간을 서성인다
해묵은 시간이 쌓여있는 앨범
마른 발자취들을 언약 없이 데려와
햇살 꽃 무리처럼 둘러앉는다

얼굴에는 검버섯 주름이 언제 와있고
사랑으로 눈먼 가슴이 되었던 시절은
바람처럼 구름처럼 떠나고
청춘에 만난 그 사람
무심으로 지는 꽃잎처럼
떠나는 그 날을 생각하는 나이
곁에 없으면 걱정이 되는 나이
두동베개로 함께 보내는 밤
연연한 진홍빛 옹이로 박혀가는 사랑
오늘 그 사람과의 시간
추억 한 줄 적어 놓는다

말의 향기

그림자가 물체를 놓지 않듯이
말은 운명을 저울질하는 요술쟁이
마음을 다스리지 못해
생각 없이 쏟아낸 말들
주워 담지 못해 번민만 쌓여간다
햇살을 나누는 풀잎처럼
작은 생각이 묻어있는 배려는
유정과 무정 사이를 넘나들며
마중물이 되어준다

무심코 던진 한마디
가슴에 대못으로 꽂히는 말은
치유되지 않는 상처가 되어
가슴 때리는 장대비가 되기도 한다
석공이 천불 천탑을 지어 올리듯
말 한마디에도 공덕을 쌓는다면
물처럼 고요히 황금처럼 빛나는
사람과 사람 사이에
도타운 사랑의 가교를 놓는다

내 안에도 녹색 신호등을 켜고
향기로운 한마디의 말을 위해
마음부터 닦아야 한다

말세

세상이 혼란스러운 시대
고장 난 사람들은
밤낮을 구분 못 하고 나대고
세상 사는 진실을 쥐락펴락한다
혼돈의 세월은 길을 잡지 못해
꼬이는 다변에 궤변
이정표가 없는 이상한 사람들은
깊은 수렁으로 몰고 가는 비정상

세계화 시대로 문화는 높아가지만
인류를 불안에 떨게 한다
전쟁과 지진, 코로나19
세계뉴스 보기도 불안하다
말세의 수레바퀴는 빠르게 돌아가는데
태초의 밝은 세상은 간데없고
암흑의 밤이 오는 줄도 모르는 세상
대낮처럼 착각하고 밀려다닌다
외면당한 현실은 답이 없다
없다

매미의 일생

여름 산을 채우는 청량한 노랫소리
하루하루 세월을 쫓아가는 매미
지상의 짧은 삶을 얻기 위해
땅속 어두운 사막의 길을 걷다가
때가 되면 어두움이 내려올 때
굼벵이의 시간을 버리고
나무 위로 올라와 매미로 우화를 한다
도열하고 있는 나무 자락에 기대어
수컷 매미는 짝을 찾는 우렁찬 목청으로
애절한 구애 바람의 장단도 요란스럽다
제자리를 잃어가는 가락인지도 모르고
포획자가 되었든 유년 시절이 떠오른다

가슴 안쪽 언어들이 허물거릴 때까지
푸념을 나무 자락에 묻으며
울고 또 우는 매미 그 울음 지칠 즈음
또 한 생의 애벌레가 땅속으로 묻히고
돌아갈 수 없는 묵은 탈피각
해마다 여름이면 젖은 사연 남겨진다
윤회하는 미물의 생 벗어놓은 매미의 허물
바람의 노래에 바삭바삭 부서지고 있다

모기

자연생태계의 환경을 파괴하는 주범
해양오염 폐기물 오염의 방관은
신출귀몰한 불청객만 무단 침입한다
변칙적인 바이러스로 인간에게
해악을 끼치는 모기
허가도 내지 않고 숙식을 한다
앵앵거리는 미세한 소리 모기의 괴변
피를 도둑질하면서도 생존 수단이란다
히루딘이라는 타액을 남겨
병원균을 옮겨 생명까지도 위협한다

기생충이 혈관을 타고
심장까지 침범하는 무법자
황열병 뎅기열 뇌염 등으로
곤충이 사람을 괴롭히는
희미한 실루엣으로 다가오는
문제성이 아주 심각한 현실을
우리는 알아차리지 못하고 있다
대책을 강구하고 고민하지 않으면
생존지능이 탁월한 모기를 퇴치할 수 없다

모든 인연에 촛불을

내 마음 어리석어
다독이지 못해 남의 것 만들고
마음에 길 없어
필연의 변명이 허허롭다
마음 촛불 다스려
달처럼 환한 가슴 되어
한번 밖에 초대받지 못하는 삶
꽃씨 뿌려놓은 옥토에 웃음꽃
영겁의 인연 하늘 바람 타는
사랑으로 수놓은 꽃길을 걷고 싶다

제 몸을 태워 어두움 밝히는 촛불처럼
나머지 인생 스치는 모든 인연
마음의 촛불로 밝혀 주고 싶다
시린 상처 더 시리게 하는 속인들의 먼지
올올이 엮어 하얀 속살 공덕으로 채워
청정한 하늘에 쌍무지개 뜨는 날
연꽃 차 한 잔 나누며
푸른 초목의 꿈을 꾸고 싶다
흰 구름 청 구름 어여쁜 저 허공처럼

목단꽃 추억

물빛순정 나래가
소녀적 봉오리 빗장 풀던
아련한 추억 앙가슴으로
누워버리는 옛이야기
갯벌처럼 늘어진 별빛 인연
빈 가슴 언저리로 담겨오는 향수
초연한 청 구름에 실어 본다
목단꽃 함박웃음
마음을 달뜨게 하는 알싸한 향기
추억 읽어주는 초롱한 얼굴이다
허공으로 피어나는 신기루 향연
일기장에 새겨진 빛바랜 속삭임
그날의 그리운 향기 목마른 울림은
고향 강나루 여울물로 흘러간다

목련꽃

해마다 사월이 오면
우듬지 정열의 햇볕 소설되면
부끄러워 고개 숙이는 목련꽃
평택 우체국 앞 하얀 꽃등 켜고
길목을 지키는 수호신이 된다
비 오는 날은
온몸으로 비를 맞으며
우체국을 지키며
오가는 손님 마중 정답다
밤이면 수은등 은은한 불빛과
밀어를 나누었는지
초롱한 눈빛 인사가 정답다
하늘로 오르는 기도하는 정념
햇살보다 더 반짝이는 얼굴

민들레

화안히 청아한 민얼굴
노란 미소에 눈 맞춘다
하늘하늘한 바람 사이로
나비처럼 날아 생명의 환희
보금자리 찾은 민들레 홀씨
방초(芳草) 무리진 길섶 주인공
노란 얼굴 맑은 빛 향기롭다
강인한 삶이 민초의 여정을 닮은
두려움도 미움도 없는 민들레
어머니가 자식을 안을 때 같은
천사의 미소에 반한다
어머니를 그리워지게 하는 노란 미소
묵정밭이든 길섶이든 가리지 않고
영토를 넓히는 당당한 자태에
마음이 쉬어가는 꽃잎 사랑
초봄이면 밥상 위에 앉은 나물
들녘의 향기로운 고향 냄새

바다는 내 마음

태풍 해풍으로
너울 파도에 휩쓸려도
달빛 쉬었다 가는
바다가 되고 싶다
잔잔하게 철석이던 파도
풍랑에 깨어져도
사랑 빛 머무는 바다
석양빛 붉은 노을 채색하듯
이 풍진 세상 아우르는
포근한 엄마의 바다가 되고 싶다
또르르 또르르 몽돌 구르는 소리
사랑 노래 읊조리는 너른 바다
마음을 채우는 순풍 부는 파도 소리
바다는 내 마음

봄까치꽃

묵은 낙엽 비집고 나온
기쁜 소식 전하는 봄의 전령사
3월의 야생화 봄까치꽃
하도 조그마해서 눈에 띄었나
반가워서 언제 피었는지
물어보게 된다
어찌 대답할지 몰라
생글거리며 살랑이기만 한다
하늘빛 화안한 앙증맞은 얼굴로
길섶 양지 녘에 제일 먼저 피어
소곤이 앙가슴을 두드리는 꽃

봄이 오면

새들과 나비가 찾아오는 봄
만개한 햇살 티 없는 미소로
허공을 말갛게 닦아놓고
오간 보석 같은 이야기
꽃들과 밀어(密語)를 나눈다
풀잎 덩달아 분주한 몸짓
나무는 형형색색 꽃등 내걸고
온몸으로 반기는 낙원
꽃들의 향연 모여드는 봄바람

해마다 찾아오는 생명의 강
토담 아래 수줍은 원추리
노란 미소 출렁거리면
꽃바람 들썩거리는 들판으로
마음이 먼저 나선다
들판 한가운데 홀로 서서
못다 그린 그림을 채색하듯
푸른 연서 한 장 쓰고 싶다

분리수거함

고양이 발걸음으로 걷는 그녀
양심 버릴 곳을 둘러보더니
무겁게 들고 온 음식 쓰레기를
냉큼 내려놓고 도망치듯 사라진다
쓰러져 있는 종이상자 주변에는
재활용품과 허접스러운 쓰레기들이
팽개쳐진 불량만큼 변해가는
먹빛 바람이 통곡하는 거리에
토사구팽으로 쌓여가는 쓰레기
삶의 찌꺼기들의 참혹한 현주소다
길모퉁이마다 무색해지는 현장을 보며
폐품들의 무언의 함성이 들리는 듯하다

적재적소에 분리수거함이 놓여있는데
넣어주지 않고 버리고 팽개치는지
쓰레기들의 악담들이 난무한다
종량제 봉투 사용하지 않는 휴머니티
올바른 분리수거로 환경을 지켜야 한다
거리가 황폐해지는 것은 우리들의 몫이다
분리수거함을 들여다보며
내 양심의 소리에 귀를 기울여 본다

불두화

불두화는 꽃으로 번식할 수 없는 무성화
화무십일홍이라는 말이 무색하게
꽃 필 때의 봉오리 담녹색 세월을 익히고
꽃이 만개할 때는 하얀색 유혹
천사의 미소 가슴을 뜨겁게 달구는 꽃
누른색으로 변하며 이별의 서막을 알리는
오랜 세월 정원을 장악하며 시들지 않는 꽃
제행무상이라고 손짓하는 불두화 마음을 흔든다
우주의 모든 사물은 돌고 돌아 머물러 있지 아니한
그대로 있는 건 없으니 비우고 살라고 한다
꽃이 가고 나도 열매가 달리지 않는
암술 수술이 없고 향기도 없어
나비도 벌도 찾아오지 않는다
화려한 꽃송이 탐스러워도 가엾게 닦아오는 꽃
푸른 하늘 뭉게구름 같은
순백의 두루뭉술한 꽃을 바라보면
하얗게 깨끗해지는 마음 극락세계로 인도하는 꽃

붉은 메밀꽃

영월 동강변 화전(花田)
햇볕 사운대는 불그레한 메밀꽃
나부끼는 열정의 갈채들
사랑처럼 가슴으로 들어오는
속살거림, 무지개 피어오른다
함박웃음 출렁이는 무릉도원
천사들이 뿌려놓은 꽃들의 향연
달뜨는 마음 환희에 젖는다
꽃 잔치 열리는 천상의 정원
붉은빛 불타는 진분홍 메밀꽃
뜨거운 기쁨 하늘 같아
멍하니 바라보다 바보가 된다

산에 가면

야생화 초롱초롱 반기는
산길 걸으면
바람이 데려온 깨우치는 겸손
무거운 번뇌 내려놓는다
인정 오가는 산
눈과 마음이 행복한
물소리 새소리 바람 소리에
등짐 풀어 마음 헹군다
궁핍해진 자신을 돌아보는
부질없는 마음 행간 속으로
갖지 못하고 이루지 못해
스산한 마음도 휘젓는 마음도
산에서는
꽃으로 피어나는 맑은 향기
인향천리 오롯하다

비 오는 날의 상념

추적추적 내리는 비
쏟아지는 희색 빛 회상들
뜨락에 고여 드는 그리움들이
바람에 밀리는 구름처럼 몰려온다
암석에 새겨진 먼 미래처럼
파란 청춘을 백발로 물들이는
어디쯤인지 알 수 없는 인생 나들목
지나온 길목마다 연서로 일렁이는데
빛바랜 미련 아쉬움. 모르는
무심한 세월은 유수로 흐른다

아련한 소녀 시절의 친구들
어색한 눈웃음을 던지며 부끄러워하던
큰 눈에 서글서글한 키 큰 소년
지금 어디서 어떻게 살고 있을까?
전설처럼 느껴지는 인생역로
연륜 속에 녹아들어 멀어져간다
해무에 하얀 소식이 묻어오듯
검은 머리 바람에 나부끼면
흰 머리카락 나풀거리는 덧없는 오늘이

지난 그림자를 밟고 있다

비 오는 날이면

무념으로 채색된 마음의 숲길을 걷는다

사계절

우리나라는 계절마다 파라다이스
강산이 봄을 부르는 도화선
천상에 이르는 통로가 열리듯
생강나무 양지꽃 들꽃 축제로
봄의 전령사 색색으로 물드는 봄
나비는 초대하지 않아도 날아들고
봄바람 소야곡에 아지랑이 안겨 온다

녹음방초 여름 초록의 절창에
백화 난만 꽃들의 잔치
소꿉놀이하든 고향 집 추억
더넘바람 선들선들 춤추는
무지개가 투영되는 언덕으로 간다

산국 구절초 산천을 노랗게 물들고
열매가 익어가는 풍요의 계절
드높은 흰 구름 깊은 계곡
홍 단풍 물결의 하모니
아낙네들 풍요의 가슴, 설레는 가을

하얀 눈의 설경 얼음꽃으로 변신한 물상들
삼라만상을 품은 염화미소 머금은 반영에
심연으로 찾아드는 하얀 정념 산길 오른다
평택 덕암산 백련봉 눈꽃들의 향연
나무마다 몽실몽실 목화솜 닮은 눈꽃
고향의 향수 찾아든다

세월 2

물길 따라 흘러간 물
다시 만나지 못하고
떠나간 구름
다시 볼 수 없듯
계절은 오고 가는데
지나간 세월의 시간은
다시 오지 않는다
봄이 오면
묵정밭에서는
방초 우거지고
작년 피웠던 꽃들
또다시 피어나는데
세월 따라간 청춘
돌아올 줄 모르고
머리 위에 내린 은발
옛이야기 허허롭다

세월이 머무는 풍경

내 안에 영원히 빛날 이름
봄꽃 향기처럼 찾아온 사랑
꽃피던 청춘 바람처럼 떠난
그리움 너머로 옛이야기 헤살헤살
동행한 세월의 흔적들이
가슴으로 머무는 풍경
에움길 돌아 살아온 날들
사랑 사위어지는 투덜대는 날은
밉고 멀게 느껴지는
리듬 타는 시간 흐르면
토라진 마음 간데없다
가슴으로 물드는 연정
철없는 유혹도 혼곤함도 사라진다
검버섯도 주름진 얼굴도
측은지심으로 애처롭다
보물 같은 사람 나의 동반자

소나무

사철 푸르기에 늘 청춘으로 산다
허허로운 바람 들락거리는 산등성에서
한 계절을 아우르고
암꽃과 수꽃을 동시에 피워내며
솔방울 달리게 하는 소나무
송홧가루를 부풀리든 솔꽃들
노란 꽃가루를 산야에 휘날리고 있다
가지마다 달린 탐스러운 꽃들을
매년 오월이 오면 적기를 놓치지 않고
무리진 솔밭 둔덕을 누비며
노란 송화 채취를 한다

다식판에 꼭꼭 박아
고운 문양 새겨진 다식 만들어
백년지기 내 집에 오면
녹차를 곁들인 살가운 대접을 하며
그윽한 향유에 취해보리라
흡족한 마음으로 두툼한 자루를 바라보며
두런두런 생각에 빠져 휴식을 취하니
노동의 희열이 이마의 땀을 식혀준다

소리

산에 오르면
새소리 물소리 노래 읊조리는
심산유곡에 방점을 찍는
마력에 빠져 걷는 길
바위 틈새로 흐르는 물소리는
사색에 젖은 심연의 울림이
파라다이스로 출렁인다
바람 소리에 꽃잎이 지는 소리
늦가을의 발가벗은 나무
그리움 흔들리는 소리에
남은 삶이 익어가는 소리 엿듣는다

내가 제일 좋아하는 소리는
책장 넘기는 소리, 찻물 끓는 소리
비 오는 날 빗소리 들려오면
목가적인 풍경 내 안의 강으로
고독한 마음이 읽히는 시간
차 한 잔에 마음을 기댄다
찻잔에 내려앉는 찻물 내리는 소리는
청각 미각을 부요하게 한다

손자의 배앓이

밤빛 깊은 뜰을 바람이 지키는 밤
오늘의 일과에 감사하며 잠을 청하는데
예고 없이 찾아든 통증으로
활동을 멈추고 호소하는 눈빛
울상 짓는 큰손자 지훈
기생충들의 반란인가 위염이나 대장염
상상의 날개는 끝없이 펼쳐지고
어디가 어떻게 아픈건지 알 수 없는 상황
밤은 깊어가고 진통은 멎지 않고
병원에도 갈 수 없는 시간
답답한 마음만 허둥댈 뿐이다

속수무책으로 속만 태우는 밤
종잡을 수 없는 의문들이 나를 괴롭혔다
약손도 아닌 손으로 약손이라며 배를 만져주며
참으라는 말 외에 할 수 없는 할미의 무능
정성을 다해보지만, 효험이 없는 듯
잠이 들다가도 다시 깨어나 보채곤 한다
아프다고 호소할 때마다 가슴이 내려앉지만
먼동이 틀 때까지 기다림밖에 할 수 없는

초조한 시간이 묵언으로 흘러가고
병원에 진찰 결과 변비통이었다
안도의 숨결 소리 내 안의 창을 두드린다

쓰나미*

천지를 뒤흔드는 거센 괴성
섬 전체가 요동친다
사나운 너울과 해무가 엉켜
거대한 검은 파도에 휩싸여
크고 작은 어선들과
수많은 건물, 차와 사람들을
돌아오지 못할 강으로 앗아갔다
암흑 속에서 멈춰버린 시간
아우성치는 처절한 몸부림은
말 한마디 못하고 스러져갔다
애끓는 마음 애달픈 울음
하늘 땅 행간으로 내리는 비

동북부를 초토화하는
포효하는 악마의 바다
필사의 구조 붉은 눈물
암담한 순간만 지속될 뿐
망연한 충격 뜬눈으로 지새우는
속수무책으로 눈물 아릿한 밤
송두리째 빼앗긴 터전과 삶

갈 곳 없는 거리로 내몰린 사연
역사의 전설 속으로 묻히겠지
아카바리 해안 쓰나미 허망을 보며
한 · 일간(間) 역사의 한 서린 악연
적개심마저 사위어가는 아픔이다

* 일본 센다이 아카바리 해안 쓰나미

쓰레기의 항변

쓰레기도 제집이 있는데
각자의 임무를 자각하지 못하는
이유가 무색해지는 현주소다
마시고 먹고 남은 쓰레기
제대로 투척하지 않은 무책임한
인간이 버린 양심들의 반란은
거리마다 토해내는 구린 냄새
아수라장 된 골목마다 쓰레기 뭉치들
사유를 탐닉하는 바람에 끌려다닌다

피우고 버려진 담배꽁초
곳곳마다 지저분하게 만들고도
자신들이 저지른 능동적인 행동은
인지하지도 기억조차 없는 이기심
공존의 질서가 혼탁해지는
사회적 문제의 도화선이 되었다
사람이 사는 곳이면
명소가 있기를 소망하면서도
도심 주변의 쉼터나 거리를 지켜줄
근본적인 해결책의 방안은 침묵하고

찡그린 쓰레기들만 발목을 잡는다
버려진 만큼 통증을 앓는 거리
생명을 위협하는 항변이 들리지 않는가?

아련한 인연

노년이 되고 보니
모람모람 추억이 찾아온다
인연의 길 따라 흩어진 사연들
가슴에 자리 하나 차지하고 있다
허공으로 묻힌 짝사랑 고백
초승달 깊게 드리운 가을 밤길
애절하게 우는 벌레 소리 들으며
텅 빈 가슴 허망을 달래였을
아련한 모습 그려지지 않는 얼굴

지금은 어디에선가
인연의 복 지으며
멋진 삶을 살고 있을
푸른 시절의 스친 인연
철없던 날들이 아려온다
꽃길 가꾸며 늙어가고 있겠지
마음의 행간을 넘나드는
잊고 지난 옛 추억들
고적한 밤 베갯머리 바스락 소리

* 모람모람~이따금 한대 몰아서 (순우리말)

아버지

예전에는 알지 못했던 것들이
어른이 되고 부모가 되니 아려온다
아무 말이나 토해내도 되는 줄 알고
가슴 아프게 했든 철없든 기억들
아버지란 이름으로도 동아줄이 되어
우리를 지켜주는 수호신 등대인 것을
등 뒤에 숨겨진 사랑의 그림자
천상에 계신 울 아버지
이 마음 닿을 수 없는 회한
오늘 유독 사무치게 그립다

도리라는 의무 때문에 울어도
하늘만 아는 눈물이 없는 것을
애환이 깃든 가난의 굴레
빈 지게를 채워가든 그림자
이젠 아버지의 눈빛 목소리 들리는
마음의 깊이를 조금 알게 되어
눈앞이 흐려지는 순간
불효의 흔적들이 먹물처럼 번져온다
가슴속 울림으로 멍울지는 후회
아버지의 그림자 옹이를 품는다

아버지의 세월

삽상한 녹색 바람 타는 상흔
지울 수 없는 못 박히는 사연
강을 건너고 산을 넘는다
찾아든 병으로 상처 난 인생은
얼룩진 강에 백발되신 아버지
심장의 여울물 소리 듣는
한스러운 길을 걸어야 했지만
누구에게도 보상받지 못한
삶의 레일을 벗어나야 했다

가슴 아리도록 서러운 고독
삶의 무게에 가슴 태우는 절규
세월을 빗질하는 소리
아직 들리는 듯한데
아버지의 날들 끝내 사위어
이름 없는 들꽃 지듯
천상으로 떠나신 아버지의 그림자
꽃 지는 저녁 석양에 물든다
못다 한 말 못다 한 효도가

쌓이고 쌓이는 산 같은 회한
촌음으로 들리는 목소리에
먹먹한 가슴 옹이가 되는 그리움

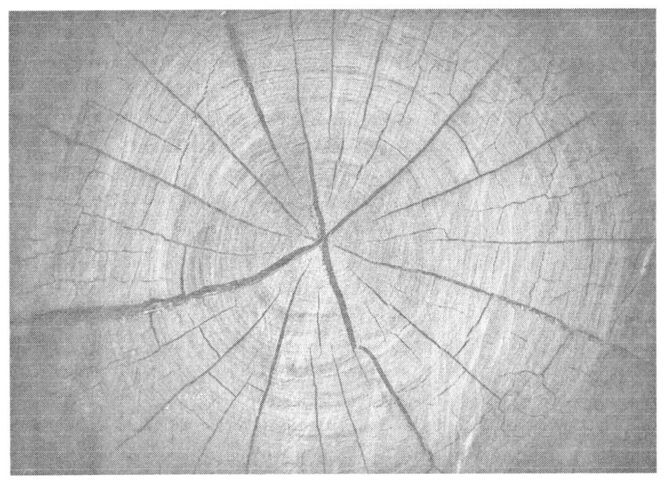

아스타(우선국)

햇볕 품은 아담한 민얼굴
여울진 소리 귀엣말로 들려오는
살짝이 미소 짓는 영민한 얼굴
가을 야생화 꽃길 나울나울
향그러운 꽃들의 작은 울림이 있다
아스타의 짙은 홍자색 미소는
마음을 출렁이게 하는 마력으로
발길을 멈추고 눈 맞추게 한다
청보라 꽃 생글생글
화려한 절정의 색감은
내 맘 쓰담쓰담 청량하게
시를 읊는다
연모하는 임을 기다리는 마음같이

어머니의 목소리

빗줄기가 창문으로 달려들며
휘돌아 드는 바람 소리
어머니의 목소리
촌음으로 들려온다
침체되어 있던 그리움까지
붉은빛으로 물들게 하는
가슴 저미도록 보고 싶은 어머니
꿈속에서라도 만나고 싶다

세월을 등에 업고
미로의 그림자를 더듬는
어항 속 인생 몽골
시간을 역류하지 못하는 나목
말 없는 세월은 어이하여
인생 꽃을 시들게 하는지
오늘 밤,
유화 등롱 걸어둔 가슴으로
들려오는 울 엄마 목소리

* 몽골 계시는 어머니를 그리며 (2015년)

억새

가을을 담은 고산 습지의 억새평원
잎과 줄기가 말라가는 억새
바람에 부대끼는 소리
슬픈 이야기인 듯
늦가을 작별의 노래인 듯
해찰을 부리는 늦가을 억새
담백색 지상낙원 억새길 걸으면
회상이 아련한 그리움 그려진다

꽃이 풍성한 자갈색 물억새
군락지는 영역을 넓혀
맥맥이 이어 온 명소의 주인공
은발 머리 나부끼며
쓰담쓰담 서걱이는 물억새
잎은 지붕을 이는 데 쓰이기도 하는
변종은 마소의 먹이도 된다
삶의 인생 여정도 누군가에 필요한
이색적인 삶을 닮고 싶다
군무 펼쳐 낭만을 안겨주는 은빛
겨울빛 물드는 늦가을 산야의 향유

엄마는 달님

개울 물소리
수런거리는 초옥(草屋)
추억 살아있는 곳
봉숭아 꽃물 드려주든 달님
그 추억 사연 남겨두고
꿈길 봄 향으로 하늘에 뜬
앙가슴에 사는 어머니 사랑
전하지 못한 보석 같은 말
달무리에 그려 넣는다
별빛 그리움이 몰려와
눈앞이 흐려진다

영월 동강

역사의 전설을 품고 흐르는
영월의 젖줄 동강 나루터
오랜 옛날 뗏목 타고
바람 소리 물소리 들으며
하늘을 벗 삼든 사연들이 사물사물
은빛 물결로 여울진다
기암석 절벽 위에 울울창창한 숲 아래
간간이 보이는 전설이 마중 나오는 동굴
영월의 역사를 읽히게 한다
느긋하게 안겨 오는 홍 물결 품은
향그러운 향기 전하는 홍 메밀꽃
멀리서 보아도 가까이서 보아도
보고 또 보아도 가슴을 뜨겁게 한다

오늘

잠자고 있던 얼룩진 일기장
지나간 발자국들의 그림자
보석처럼 옛날들이 꿈처럼 머물고
가슴을 파고 더는 덧없는 그리움
떠나보내야 하는 인연 바람처럼 보낸다
계절처럼 오가는 오늘이라는 현재
나에게 온 것을 보물처럼 여기며
찾아온 인연의 몫을 겸허히 최선을
현재와 미래 운명의 인생 여정
오늘도 내일도 여행하듯 물 흐르듯
오늘 내게로 온 귀한 선물 같은 인연
너른 풀밭 같은 사랑으로 품자
황혼으로 가는 길목에 지난 인생 화첩*
덧씌워지는 마른 나뭇잎 이는 바람 소리도
푸른 지난날 노을빛 곱게 물드는 오늘

* 화첩 : 그림을 모아 엮은 책

옥잠화

뜰을 장악하는 하얀 옥잠화
처서를 알아차리는 꽃은
옥비녀를 닮은 꽃봉오리
울림이 있는 연민 가득한
꽃대가 나팔을 닮은 옥잠화
봄꽃 향 같은 꽃
향기가 스며오는 뜰
햇살 비치는 천사들의 팡파르
화안히 웃는 하얀 옥잠화
바람 소리 새소리 들리는
노을 내려앉은 박수갈채
나팔 소리에 갈색추억 밀려온다

옹이

소원하는 기쁨이 가득한
이해하기 위한 침묵의 언어
품격을 포기하지 않기 위해
깊게 박혀 가는 옹이
늘 그 자리에서 무욕의 언어
묵묵히 묵언수행한다
푸른 청춘으로 사는 소나무처럼
붉은 씨앗 가슴에 담고
어디쯤인지 알 수 없는 길
세상살이 탓하지 않는
본래의 일심으로 만나는 속가슴
빼지 못한 옹이로 박힌 사유
그리움도 미움도 자유로운
그날
언제이려나
삶의 흔적 가슴에 박힌 옹이

용담꽃

별 모양의 보랏빛 품은 파랑
덕유산을 덮는 새벽이슬 머금고
동자승 닮은 단아한 미소 품은
햇볕이 온몸을 덮어주는 용담꽃
바람도 발걸음 멈추고 쓰담쓰담
청아한 여인 같은 꽃
산길 걷는 산객들도
눈 맞추며 이야기 나눈다
향기로운 향 연민으로 남는
보랏빛 향유에 취했더니
연년이 엮은 울림으로 남은 향
세월이 흐르고 흘러가도
가슴을 떠나지 않는다

* 꽃말 : 당신이 슬플 때 더 사랑한다.

이팝나무

거리를 화안히 밝히는
뭉게뭉게 피어오르는 숨결
멀리서 보면 하얀 이밥 같은
꽃등 여울지는 다발꽃
귀엣말로 들리는
그 옛날 보릿고개 이야기
회색빛 우울 비워내는
햇살보다 눈부신
옛날을 읽히는 이밥 꽃
하얀 물결이 느긋이 안긴다
소녀적 함께 했던 추억
몽글몽글한 쑥버무리가
이팝나무에 앉아있다

은행나무

봄빛 푸른 향기로 허공을 장악하며
지나는 발길 멈추게 하던 은행나무
자연 순리의 법칙은 거리마다
생명 순환으로 땅에 떨어진 은행
구둣발 운동화 저마다 밟고 간 자리
일그러지고 부서진 몸 악취 풍기는 것은
은행나무의 모성 본능의 분노
은행의 반항이 내뿜은 독소인 것을
알아차려야 할 열려야 할 문은 열리지 않고
무관심은 도로변 난무한 쓰레기 현장
한 사람의 관심으로 해결되지 않을 문제
국가적 관점에서 특단의 방안이 필요하다

매년 쓰레기로 몸살을 앓는 거리
메타세퀴이아 가로수 길로 재정비하고
은행나무는 단지 조성으로 길을 모색해야 한다
은행 추출물로 약제로 사용하고 있지만
효율적으로 이용하는 방법의 대책으로
더 많은 쓰임새의 필요성을 찾아야 한다
종착역도 이정표도 없는 거리를

빛바랜 은행잎 바람에 끌려다닌다
비에 젖은 옷 벗은 은행나무 가여워
가던 발걸음 멈춰서서 많은 의문을 던진다

인생 노을길의 숙제

숱한 세월을 앓는 요양원 풍경
순간을 이어가며 삭혀내는 소리
세월을 붙들고 한숨 토해낸다
낯선 곳 두려워 불안한 상태로
끌려다니는 창살 없는 감옥
기력 떨어진 한탄 소리의 음원
하늘 땅만 아는 무언의 언어
남들은 아는 알아차려야 할 사람은 모른다
버리고 방치해 놓고
길을 잃은 거울처럼 비치는 속마음
명목을 내세워 선 긋기를 한다

생의 만찬을 책임질 틈과 선 사이
태어날 때부터 받은 숙제
늙어 버린 몸은 혼자는 풀 수 없다
문을 열고 문을 잠글 수 있는 열쇠
요양병원만이 최선의 길이라면
새로운 법 개정으로 대책이 필요한
그 무엇의 책임질 문제 해결이 필요하다
무절제의 항정신병제 처방량 제한

약물 시스템 개선 신체적 결박
돌볼 인력 부족과 비용 문제 등
보건당국의 관리가 필요한 시점
당국의 규제제도 확립 방안이 절실하다

인생은 소풍

일장춘몽 공수래공수거
사라져가는 구름 같은 삶
멀게 아득하게 생각하던 인생길
칠십 고개 넘고 보니
바람 같은 여정의 페이지
무궁무진한 세월에 휘감긴 열정
삶의 온도 이제야 읽힌다
한순간이라는 인생을 알면서도
애착도 미련도 내려놓지 못했던
멀어져간 세월의 흔적
잠자듯 소식은 만연하고
문득문득 그리워지는 얼굴들
소풍 같은 인생 헤어짐의 연속인 것을
바쁜 걸음 멈추지 못했던 날들
기우는 서녘 해가 고적하다

잊을 수 없는 아버지

청잣빛 하늘 언저리에
맴도는 옛 그림자 실린다
속삭이듯 못 박히는 사연들
먼 기억 머무는 회한
매지구름 되어 강물로 흐른다
뜻하지 않은 병마로 상처 난 인생
삶의 레일을 벗어나야 했던
얼룩진 세월의 강에
백발 되신 아버지
한번 밖에 초대받지 못하는 삶을
가슴 아린 서러운 고독으로
한스러운 세월을 보내야 했다

하늘 적시는 목마른 절규
가슴을 빗질하는 소리 아직인 데
이름 없는 들꽃 지듯
천상으로 떠난 아버지
하늘 같은 그리움 애젓하다
못다 한 말들이 못다 한 효도가
쌓이고 쌓이는 회한
말없이 흐르는 눈물 가슴을 적신다

* 음력 : 1999년 7월 4일 오후 6시 50분 천상으로 이사하신 날

작은 천국 구채구*

하늘 호수와 맞닿은 고산지대
장관을 이룬 갈대밭 지나면
코발트 빛 호수마다 반겨준다
석회암 층층대 하얀 비단 물결
골짜기마다 장렬하게 쏟아지는 폭포수
천호 같은 괴성으로 메아리 울리는 구채구

수정구 밑바닥에 누워있는 통나무
천만년(千萬年)을 썩지 않은 산호초
오색영롱한 빛깔을 뿜어내는
통 큰 나무들에
어떠한 전생을 살았는지 물어보고 싶다

휘황찬란한 보석들이 가득한 오채지
태양의 보물섬에 탐욕의 시선들이 머물고
진주 탄 폭포수는 속사포처럼
은빛 물방울 진주알을 쏘아주고 있다

낙일랑 오화해 거울 호수 아홉 개의
호수마다 정이 드는 사연 남기고

백화 난만한 길섶 따라 떠나는 길손들

다시 오마,

무언의 약속을 남기며 돌아선다

* 구채구 : 중국의 관광지 구채구는 고산지대에 있는 아홉 개의 호수마다 다른 색채의 호수와 많은 폭포가 산 위의 하늘과 맞닿은 듯한 절경과 풍경에 구름도 쉬어간다 해서 얻은 이름

지는 목련화

꽃 중의 여왕 우아한 자태
햇살보다 찬란히 빛나는 얼굴
농염한 모습 하얀 속살 유혹
향기에 취한 찬사가 끝이 없다
환희의 절정의 순간 지나면
꽃봉오리 꽃문 열 때 그뿐
사위어 가는 꽃잎
슬퍼 보이고 처량해 보인다
필 때는 가슴 설레게 하지만
지는 꽃 더는 사랑스럽지 않은
인생 소풍 황혼 녘처럼
빛바랜 꽃잎 안쓰럽기만 하다
무엇을 위한 몸부림이었나
길 위에 떨어진 목련화 꽃잎

진달래

봄이 쏟아진 강화 고려산
산등성을 덮은 진달래
칠보단장으로 태어난
가슴 설레게 하는 꽃
주름진 마음 펴게 하는
고고히 연연한 향기로 반긴다
온몸으로 정열을 태우는 향연
요정들의 천국 꽃 무리 손짓은
품었던 욕심 비워낸다
남겨진 미련까지 털어내는
심연으로 물드는 꽃물결

철골소심 난

단아한 자태의 난 청자분
은은한 향내 스미는
담백색 엷은 담녹색 꽃
향취 그윽한 방심(芳心)한 미소
너그러운 듯 순응하는
고풍스러움을 본다
꽃대 휘어지지만 부러지지 않는
외유내강 청아(淸雅)한 품성 흐르는
뜨겁게 고아한 철골소심 난처럼
정갈한 여인이 되고 싶다
감성을 흔들며 달처럼 떠오르는
사랑 같은 꽃을 보면
덧씌워지는 영민한 얼굴

첫 인연

아버지 어머니 그리고 나
세상에서 제일 먼저 만난
처음으로 맺은 첫 인연
쇠 심줄보다 질긴 끈으로 묶였다
모든 것 발효시키는
삶이 투영되는 문양들
세월의 갈피에 묻혀 희미해져 간다
노을 지는 목가적인 풍경으로
내려앉은 첫사랑 그림자
한 세기를 함께 하는 소풍 길
홀연히 흩어져 퇴색되어 가는 것
발효된 침묵의 강
소슬바람 부는 밤
환한 둥근달로 떠 있다

청산도*

그림자 미풍에 여울지는 해안
먼 하늘 구름결 헤아리는
노란 물결 번지는 유채꽃 향연
연지색으로 물드는 내 뺨에
바람이 살랑인다
층층 구름에 마음을 얹어
해맑은 태양이 서정으로 흐르는
정도리 구계동
억년의 세월을 갈고 닦은
몽돌로 변한 돌들을 만난다
깊은 심연 속에 담겨있는
몽돌의 해탈을 본다
파도와 화합하는 합창 소리
심금을 울려주고
바다는 또 수평선으로
하늘을 만나러 간다

떠나보지 않으면 만나볼 수 없는
출렁이는 가슴, 풀숲에 뉘어본다
산 그림자 밟으며 숲길 따라 걷는 길

넉넉한 산바람이 어깨를 감싸며
마음 구석구석 남아있는
세상 찌꺼기까지 훌훌 털어간다

* 청산도 : 전라남도 완도군 청산면에 있는 섬

초아(草芽)의 봄날

강둑 노란 민들레 꽃다지
발아래 고아한 얼굴로 반기고
길손 홀리는 개나리 진달래
산을 물들이는 봄
연분홍 벚꽃 초록 이파리들의 향연
계절마다 오가는 순서를 지키는
제 할 일에 심취한 경건함을 느낀다

봄의 전령사 냉이 쑥 씀바귀
양지 녘 햇빛 유혹에 참살이 식탁 꿈꾸며
토속 음식에 익숙한 맛을 위해
참쑥 물쑥 제비쑥 보는 대로 뜯는다
햇잎이 나올 때 뜯은 쑥된장국으로
자연이 차린 밥상과 함께 추억을 먹으며
남편의 기분 좋은 상쾌한 목소리도 듣는다
코로나로 묶여있는 보이지 않는 창살
불확실한 시대에 사는 우리
쑥 뜯기로 위로받으니 일거양득
공짜로 공기도 마시니 천국이다

생활의 전통 음식으로 닫힌 문 열리니
코로나도 박멸할 수 있을 것 같은 초아(草芽)

* 2020년 4월의 봄
** 초아(草芽) : 풀의 새싹

추억의 그림자

오간 보석 같은 이야기
그리움 되어 몰려오면
몸으로 반기는 움직이는 낙원
달구경 별구경 하던 고향 친구
맑은 미소 짓는 연분홍 추억
쟁여 놓았던 사연
청량한 바람 타는 연서
깊은 세월의 그림자 찾아들고
그리운 옛날을 소환한다
옭아매는 시간 속 여행
흰 구름처럼 피어나는 하얀 미소
더 너른 창공으로 비상하는
흩뿌리는 향기 꿈만 같다
풀잎 향기처럼
가슴에 머물다가는 이름들

추억이 그리운 날

하늘빛 곱게 물든 날
지난날이 바람처럼 찾아와
아련한 마음 석양빛에 젖어
사랑 머문 자리
못내 그리운 이야기로 남아
시린 속가슴 추억을 달랜다
파도처럼 철썩이는 남겨진 사연
심장을 출렁이게 하는
옛이야기 들릴 듯한
수은등 얼비치는 찻집
석양도 사랑 빛 펼쳐 놓고 간다

칠곡저수지

바람도 쉬어가는 저수지 둑길
가라앉은 마음 털어가는
길섶을 지키는 노란 민들레
민낯의 맑은 미소 품는다

낮달도 쉬어가는 수정궁
고요한 물속 세상은
살아 움직이는 또 다른 세상
자유로운 동화의 나라
평화로운 세계를 읽는다

피라미 붕어 떼들의 향연
구름도 내려앉은 아방궁
전생의 빚을 갚는 걸까?
수초들의 둥지에서 사랑놀이
푸른 비단길 누비는 신세계
한가로이 노니는 만남
어여쁘다 미쁨이로다

* 칠곡저수지 : 경기도 안성시 원곡면 칠곡리에 위치

칸쿤의 유혹

청록 물결 금빛 하늘 찬연한 바다
서녘 바람 타고 희로애락을 실은 배
해안 자락 밤의 낙원에 다다르고
네온 불빛 찰랑대는 불야성에 빨려든다
테킬라 한 잔 두 잔에 취하는
문화의 신세계 카리브해변
여행객들의 피로를 씻어 주는
정열이 춤추는 잊을 수 없는 밤
국적 인종 차별 없는 쇼는
음식과 춤의 환희
역동의 빛이 타오르는 화려한 광란의 밤
하늘 바람에 실려 가는 달님도 넋을 놓고
불빛의 유혹에 취한 아지랑이가 된다
삼삼오오 부르는 노래
밤빛 물던 밤바다를 헤살헤살
헤픈 웃음 검푸른 파도를 탄다

* 칸쿤 : 멕시코 카리브해변에 위치. 2008년 7월 16일 일정

코스모스

가을의 대명사 화안히 웃는 코스모스
인생 소풍 길에 향기를 나누는
마음 쉬어가는 꽃길 바람도 쓰담쓰담
가을바람에 한들한들 살랑이면
옛친구가 절절하게 그리워
추억들이 소환되어 온다
방천이나 시골길에서 조우하던 꽃
허락 없이 분양받은 꽃잎
책갈피에서 마른 꽃잎으로 반겨주던
소녀적 요람의 추억
가을의 전령사 형형색색 코스모스
염화미소 바람에 하늘거리면
사랑처럼 고아한 마음이 된다
아버지와 함께 걷든 덧씌워지는 꽃길
그날이 꽃잎마다 헤살헤살

태화산 마곡사

무지개를 품은 푸른 정영
천태만상 산세와 맑은 계류
능선 길의 절묘한 풍치에
낮달도 쉬어간다
골골에서 번져오는 달달한 향기에
이끌리듯 바람 따라 걷는 숲길
숲속 계곡물은 마곡천을 흘러
사곡에 이르는 절경의 원천
태화산보다 더 유명해진
돌아드는 물소리 청아한 마곡사

천년을 살아온 시리던 사연 남은
난세의 영웅, 전설이 잠든 곳
백범 김구 선생의 산책길에서
역사의 뒤안길을 걷는
발걸음 소리 바람에 들고
이 풍진 세상 아우르는 천년 고찰에서
무심으로 지는 꽃잎 바라보며
달을 품는 가슴이 되어 본다

* 태화산 마곡사 : 충남 공주시 사곡면 위치
** 정영 : 조용한 빛이란 뜻으로 달빛을 이르는 말

팥배나무

붉은 팥알이 조롱조롱한 팥배나무
봄이면 배꽃을 닮은 하얀 꽃을 피운다
산방꽃차례로 가지 끝에 달리는 꽃은
꿀샘이 많아 벌과 나비들의 밀월 식물
가을이면 빨갛게 익은 동글동글한 열매
겨울 새들의 낙원 철새들의 식당
새들의 노랫소리 바람 타는 허공
팥배나무 노오란 단풍 들면
가슴에 달뜨는 뜨거워지는 울림
키가 큰 키다리 나무라 닿을 수 없어
더 애틋하게 사랑스러운 조그만 열매
추억 소환하는 팥알 일렁이는 소리
내 너를 가슴에 두는 후회 없는 사랑

평택의 명소 2

가던 구름도 쉬어가는 맑은 물속
피라미 붕어 떼들이
구름 속에서 술래잡기한다
나도 거기 서 있다
왜가리와 청둥오리도 텃새가 된 천변
꽃등을 잉태하는 만삭의 벚나무
무수한 언어들이 들렀다 가는 통복천
낙원의 바람은 묵은 옹이도 털어간다
편지를 쓰는 벚꽃 초롱초롱한 빛에 반해
홍조 띤 얼굴 옷깃을 세우고 걷는다
봄도 멈칫멈칫 더디게 간다

풀꽃

떠나지 않은 잔설 헤치며
봄을 해산하는 꽃봉오리
아침 이슬에 세수한 얼굴로
해님 윤슬 소곤이 두드리는
안개 바람 흩어지는 그곳 산야
떼로 모여 피는 조그만 풀꽃
가슴 문 열고 봐야 보이는
가만히 보면 볼수록 친근하다
하찮다 밝히는 풀꽃
옹기종기 모여 앉은
향그러운 살살이 꽃
밤이면 별빛 내려와 노니는
달빛 함께 소박히 웃는
가슴에 달뜨는 밤의 요정

피아골의 가을

산허리를 휘감는 만산홍엽의 절경
붉은빛으로 물든 물소리
가슴으로 젖어 든다
피아골은 전쟁의 소용돌이 속에서
사람들의 목숨이 허무하게 스러진 곳
시간은 얼마나 많은
망각을 집어삼키는지
아픈 역사와 한이 담긴 세월은
흔적 없이 사라져 간다

삼홍의 무지개 향연
멈춘 듯 흐르는 용소마다
살포시 내려앉는 풍경
산객들은
단풍 같은 시를 품고 간다
영혼을 빼앗기는 황홀경에
홍 단풍 물결 품은 이슬 눈
가슴에 머문 꽃등 안고
가을을 짊어지고 길을 재촉한다

* 삼홍 : 산홍(붉은 단풍), 수홍(붉은 계곡), 인홍(붉은 볼)을 합쳐서 삼홍이라 한다.

하얀 눈물

내 마음도 알지 못하면서
타인의 마음을 이해하려는 것은
멀고 먼 섬을 찾아가는 뱃길과 같은가?
주고받지 못한 서운함에 눈물 삼키는 밤
승화시키지 못한 가슴속의 불순물이
밤의 휘장 속에 빠져든다
손 내밀지 못한 무정한 순간들
갈등의 늪에서 허우적댈 때도 있었지만
계절 하나씩 익혀내며 보낸
로망의 십 년 세월
동고동락한 작은아들 가족을
이제 몇 개월 지나면 분가시키려 한다

이름만 불러도 가슴 아릿한
목숨보다 더 사랑하는 나의 분신들
장막에 가려진 빈자리로 찾아드는 회한
애틋한 정 때문에 남몰래 지우는 눈물
눈 속에 자욱한 안개로 서려 들고
출구 잃은 슬픔 가슴으로 범람한다
행복이 넘실대던 순간들이 밀려오고

옛 사연들의 그림자 배어들어
가만히 손자들 이름을 품어본다
가슴속 언저리로 젖어오는 애련
하얀 눈물 속가슴으로 적셔 내린다

하얀 순백 흰색

생명의 도화선
인생의 첫걸음 배내옷 하얀색
동반자를 만나는
환희의 첫날도 순백의 웨딩드레스
천상으로 오르는
삶의 소풍 길 마감 때
입는 수의도 흰색
절정의 순간을 함께하는
하얀색 순백색 흰색이다
밤을 지배하는 하늘의 달도 흰색
언덕 위의 하얀 집도
존재의 사유가 남는
주변 풍광을 홀리는 하얀색이다
순백의 멋진 삶의 여정을 꿈꾸는
때 묻지 않은 새싹의 순수
흰색의 도화지처럼
어느 색과도 어울려 주는
여백의 숨결을 읽을 수 있는
순백 하얀색 흰색

향그러움의 향기

비 내리는 가을엔
나뭇가지 서걱이는 춤사위로
추억 밀려오면
따끈한 국화차 생각이 난다
향그런 맛 속에 순치시키는
그윽한 울림은
바다 같은 진실이 담겨오고
마음을 비우게 되는
넉넉한 심성이 된다
앙가슴으로 문화 시장이 펼쳐지고
은은하게 젖는 물빛 향기
불나방 불 향기에 빠져들 듯
한세월 엮어가는 가슴속 여운
국화차 마력은 시흥에 녹아든다

허망

첫 만남의 첫 잔
달콤한 유혹
목젖을 휘감아 넘노는
한 잔 술
폐부 깊숙이 감돌아
오장육부를 제 맘대로 한다
첫째 잔은 우정
둘째 잔은 웃음
셋째 잔은 행복한 공감
한 병 술이 두 병 술 되고
게 눈 감추듯 술 사라진 뒤안길
오장육부는 후회로 얼룩진다
적당히 마신 술은 호인
과하게 마신 술은 미친개

혹등고래

남태평양 검푸른 바다를 항해하는
혹등고래가 헤엄치는 자맥질
뛰어오르며 점프할 때의 괴성은
천둥소리가 검푸른 파도를 탄다
암컷을 유혹하는 소리는
애련하게 영롱한 소리를 내는
잎새를 스치는 바람 소리로 들려온다
허파로 숨을 쉬는 포유동물
거대한 몸짓을 하는 고래도
새끼를 낳으면 젖을 먹여 키운다
혹등고래의 삶을 보며
자식을 버리는 매정한 부모가 있는 현실
포유동물 짐승도 새끼를 지키는
모성 본능을 보며 인간의 무책임에
가슴으로 옹이가 모여든다

홍류동계곡 소리길

웃고 있는 하늘엔
구름이 소살소살 그린다
자연이 그려놓은 수목
추풍이 너풀거리고
초록 가득하니 눈이 시원하다
계곡물은 둥그레 더덩실
춤추는 요정이 되는 홍류동계곡*
베풀 수 있는 모두를 주는 산
두 귀를 차지한 계곡 물소리에
이중창에 빠진 마음
비우고 내려놓는다
붉은 홍류동계곡 소리길은
더 보여줘야 할 게 많다고
쉬어가라고 발걸음 멈추게 한다

* 홍류동계곡 : 경남 합천군 가야산 국립공원에서 해인사 입구까지 이르는 계곡

후회

의견 충돌로 몸살을 앓는
뒤안길을 서성이는 후회
묘약을 생각한다
큰소리 내는 대신
일찌감치 치는 연막전
잔소리로 치닫기 전
유머로 둔갑시키는
대책의 순간 지혜가 묘약이다
두동베개 수줍든 밤 도란도란
분홍빛 시절 풋향기 가득하던 보금자리
사랑보다는 생활을 위해 달려야 하는
내려놓지 못해 비우지 못하는 삶
후회로 가슴안에 박혀가는 옹이

흰죽 2

청상의 여로 저미는 아픔 가슴에 묻고
먹물로 번지는 흔적을 지우는
무거운 삶의 무게를 견뎌야 했던 어머님
별빛 멀어져 가는 밤이면
시린 가슴으로 긴 밤을 건너야 하는 애련

날마다 흰죽을 드셔야 하는 만성 위장병은
정성을 다하여 끓인 죽이지만
입맛을 잃은 탓에 사유가 방황하는 속내
구름에 묻혀 비가 되었을 날은 가고
돌아올 언약 없이 천상의 나라로
바람 떠나듯 구름 가듯 떠나가신 어머님
그곳엔, 아픔도 외로움도 없어 실까?
그곳엔, 고통도 그리움도 없어 실까?
세월의 페이지마다 남아있는
유물처럼 옹이가 된 흔적들
어머님을 위하여 끓이든 흰죽
이젠 나를 위하여 얇은 내막이 끓는
쌀 알갱들이 제 몸을 풀어낼 때마다
어머님의 그림자 어룽지는 사연

손자 백지훈

국화꽃
금요일
배꽃
수선화

백지훈

국화꽃

밤에는 별빛 머금고
새벽이면 이슬 먹고
한낮 햇볕 사랑으로 자란다
방글방글 웃고 있는 국화꽃
노란색 황금색 향기로운 꽃
내가 볼 때마다
예쁜 얼굴로 웃고 있는 꽃
가을바람도 쉬어 간다

* 신한중학교 1학년 4반 백지훈

금요일

나는 금요일에 집에 간다

숨 막히게 바다 같던 하늘은
시원하게 개이고

멈춘 것 같던 시간은
다시 흐르고

진흙 길을 걷는 것 같던 내 발걸음은
기쁘게 달리고

무엇하나 만족 못 할 것 같던 내 몸은
원하는 게 많아지고

절대로 오지 않을 것 같던 금요일
나는 드디어 집에 간다

* 평택 마이스터 고등학교 2 금형 1 백지훈 (2021년)

배꽃

배꽃 만나는 걷기 행사하는 날
평택 섶길 과수원 길을 걸었다
봄바람의 향기에
하얗게 분칠한 배꽃
햇볕을 쬐며
방실방실 웃고 있다
수천 마리의 나비가
봄바람을 타고 춤추는 것 같다
하얀 향기로
마중 나오는 꽃을 보며
동그란 배가 주렁주렁 달린
가을 배나무를 상상하니
춤이 꼴깍 넘어간다
배꽃처럼 하얀 웃음이 났다

* 신한중학교 1학년 4반 백지훈

수선화

할머니 집 정원 노랑 수선화
이른 봄이 오면 먼저 피어난다

노란 얼굴 향긋한 향기에
나비도 날아들고 참새도 찾아온다

봄바람과 손잡고 춤추는 수선화
내가 할머니 집 가는 날은

반가운 얼굴 노란 미소로
대문 앞까지 마중 나온다

* 신한중학교 1학년 4반 백지훈